NAVIGATION FLUVIALE

DU

HAVRE A PARIS.

AMÉLIORATION DE LA NAVIGATION

DU

HAVRE A ROUEN.

PAR P.F. FRISSARD,

INGÉNIEUR EN CHEF DES PONTS ET CHAUSSÉES,

MEMBRE DE LA LÉGION-D'HONNEUR.

PARIS. — CARILLIAN-GŒURY, QUAI DES AUGUSTINS.
BACHELIER, QUAI DES AUGUSTINS.
PAULIN, PLACE DE LA BOURSE.
DELAUNAY, PALAIS ROYAL.
ROUEN. — Ed FRÈRE, SUR LE PORT.
HAVRE. — TOUS LES LIBRAIRES.

1832

Havre. — Imprimé chez Alph. Lemale.

NAVIGATION FLUVIALE

DU

HAVRE A PARIS.

NAVIGATION FLUVIALE

DU

HAVRE A PARIS.

AMÉLIORATION DE LA NAVIGATION

DU

HAVRE A ROUEN.

PAR P. F. FRISSARD,

Ingénieur en Chef des Ponts et Chaussées,
Membre de la Légion-d'Honneur.

HAVRE.

IMPRIMERIE DU COMMERCE. — ALPH. LEMALE.

1832.

AMÉLIORATION

DE LA

NAVIGATION

DU

HAVRE A ROUEN.

AVANT-PROPOS.

Le Conseil Municipal du Département de la Seine ayant été consulté sur le projet de Canal Maritime, proposé entre Rouen et Paris, il désigna une Commission qui, assistée de MM. *Coïc* et *Duleau*, Ingénieurs en Chef des Ponts et Chaussées, fit deux reconnaissances de cette partie de la Seine. Les procès-verbaux de ces reconnaissances furent adressés par ces Ingénieurs, le 20 mai 1830, à M. le Président du Conseil Municipal ; ils y joignirent leurs observations sur la navigation actuelle entre Rouen et Paris, et leurs propositions sur les travaux à faire pour la perfectionner.

Les travaux d'amélioration de cette partie de la Seine, projetés par MM. *Coïc* et *Duleau*, assureraient une profondeur de 2 mètres aux basses eaux. Ces travaux sont estimés au plus à 15 millions.

Les droits de navigation qu'on pourrait établir, sans augmenter la dépense actuelle des transports, ont paru à ces Ingénieurs pouvoir être de 5 f. par tonneau à la remonte, et 2 f. à la descente.

En appliquant ces prix à la quantité moyenne des marchandises qui circulent entre Rouen et Paris, le produit brut de ces droits serait... 1,100,000f

Le même produit, en en défalquant les frais de personnel et d'entretien de la navigation, serait net de 900,000f

On voit que MM. *Coïc* et *Duleau* se sont tenus dans des limites raisonnables ; leur travail et leur opinion ont dû jeter un grand jour sur la question du Canal Maritime, présentée sous tant de formes, aux spéculations des capitalistes.

Un travail analogue, rédigé pour la partie de la basse Seine entre Rouen et le Havre, devenait le complément, pour ainsi dire nécessaire, du projet présenté pour la partie de la Seine entre Rouen et Paris. Chargé en 1824 des études relatives à la navigation de la Seine, de la Bouille à Villequier, et subséquemment de Villequier au Havre, sous les ordres de M. l'Inspecteur *Bérigny* et de M. l'Ingénieur en chef Directeur *Letellier*, j'ai pu réunir sur cette partie de la Seine, de nombreux documens qui se sont encore augmentés et modifiés depuis mon séjour au Havre. M. l'Ingénieur *Schwilgué*, chargé dans le même temps des études entre la Bouille et le Pont de l'Arche, a eu l'obligeance de me communiquer la partie de son travail relative à la portion de Seine entre la Bouille et Rouen. J'étais donc à même de satisfaire aux désirs qui m'ont été exprimés par quelques personnes intéressées dans cette importante question, en m'engageant à présenter un projet simple et exécutable qui put former avec celui rédigé par MM. *Coïc* et *Dulcau*, une étude complette de la NAVIGATION FLUVIALE DU HAVRE A PARIS.

Il semble qu'il ne reste plus rien à dire sur l'amélioration de la basse Seine, depuis que cette question a été traitée et discutée par d'habiles Ingénieurs, et par des capitalistes éclairés. Je pense cependant qu'il peut encore être utile d'examiner des projets plus simples, dont l'exécution soit moins problématique, et les résultats moins éventuels; aurai-je moi-même rempli ces conditions; je suis loin d'y prétendre, mais j'aurai ajouté un document à tous ceux déjà publiés sur la navigation d'un fleuve, qui réunit la capitale au port de commerce le plus complet et le plus important.

Ce travail sera divisé en 9 chapitres, savoir :

CHAP. 1er. Exposé succint des projets présentés jusqu'à ce jour, pour améliorer la navigation du Havre à Rouen.

CHAP. 2. Etat actuel de la navigation dans la basse Seine.

CHAP. 3. Examen des obstacles naturels que rencontre la navigation actuelle.

CHAP. 4. Travaux proposés pour diminuer ou faire disparaître les obstacles naturels que rencontre la navigation actuelle.

CHAP. 5. Posées, pilotage, balisage, éclairage de la basse Seine.

CHAP. 6. Chemins de halage, érosions des rives.

CHAP. 7. Estimation des travaux proposés.

CHAP. 8. Moyens de pourvoir à la dépense.

CHAP. 9. Résumé et conclusion.

CHAPITRE Ier

EXPOSÉ SUCCINT DES PROJETS PRÉSENTÉS JUSQU'A CE JOUR.

1783 L'Académie de Rouen ouvre un concours sur les moyens de redresser, creuser et rendre navigable le chenal de la Seine, et de le débarrasser des bancs qui l'obstruent.

1784 La question n'ayant pas été résolue à la satisfaction de l'Académie, elle est de nouveau mise au concours.

1786 *Lamblardie*, mort Inspecteur-Général des Ponts et Chaussées, ayant pour collaborateur M. de *Chaubry*, propose d'établir un canal latéral sur la rive droite de la Seine depuis le Havre jusqu'à Villequier, et de continuer ensuite la navigation en rivière depuis Villequier jusqu'à Rouen. Ce Canal devait avoir $4^{m},90$ de tirant d'eau et 39 mètres de largeur au plan de flottaison, niveau des hautes mers d'équinoxe ; il formait un seul bief terminé à chaque extrémité par une écluse, dont le sas était capable de contenir 12 navires.

M. *Cachin*, mort Inspecteur-Général, pré- 1792
sente un projet de canal latéral depuis le port d'Honfleur jusques vis-à-vis de Caudebec. Le plafond de ce Canal devait être établi à 5^m au-dessous du niveau des hautes mers, la rivière de Rille avec les autres affluents de la Seine, devaient l'alimenter.

M. *Bérigny*, alors Inspecteur-Divisionnaire et 1823
maintenant Inspecteur-Général, est chargé par M. *Becquey*, Directeur-Général des Ponts et Chaussées, d'étudier tous les projets propres à rendre sûre, commode et aussi prompte que possible, la navigation depuis Paris jusqu'à la mer par la vallée de la Seine, et de présenter l'ensemble de toutes les améliorations praticables.

Une Ordonnance Royale autorise une Com- 16 Février 1825
pagnie à rédiger les projets d'un Canal Maritime de Paris à la mer.

M. *Bérigny* remet à l'Administration divers 1825

projets généraux pour faciliter la navigation naturelle depuis la mer jusqu'à Rouen et pour établir entre Rouen et Paris une navigation avec 2 ou 3 mètres de tirant d'eau, lors de l'étiage.

Février 1825 M. *Pattu*, Ingénieur en chef du Calvados, publie les moyens qui lui semblent propres à perfectionner la navigation à l'embouchure de la Seine. Cet Ingénieur propose de construire entre Honfleur et Harfleur un grand barrage qui aurait plus de 2 lieues de longueur; le couronnement de ce barrage serait établi au niveau de la haute mer de vive eau ordinaire. Il serait défendu contre la violence de la mer par un brise lame construit à environ 3500 m. en aval. Les eaux en état de crue déverseraient par-dessus le barrage. Les principales dispositions proposées pour se raccorder avec ce barrage sont : de reporter le lit de la rivière sur la rive gauche, d'ouvrir une grande dérivation depuis Harfleur jusqu'à St-Adresse, et d'établir un canal de navigation sur la rive droite.

1825 M. *de Lescaille*, Ingénieur en chef du département de l'Eure, et l'un des collaborateurs de M. *Bérigny* pour les étude relatives à l'amélioration de la navigation de la Seine, propose d'établir un barrage dans la direction de St-Sauveur à Guenneville. Ce barrage devait être composé d'une suite de pertuis éclusés en nombre suffisant pour l'évacuation des eaux douces, des portes tournantes permettraient de chasser à volonté ; des portes busquées placées dans chaque pertuis en défendraient l'entrée contre les eaux de la mer; deux grandes écluses à sas avec portes contre busquées serviraient au passage de plusieurs navires à la fois. Le reste de la baie de Seine serait barré par des digues insubmersibles qui au moyen de ponts établis sur les écluses et sur les Pertuis, établiraient une communication entre les deux rives de la Seine.

M. *Bérigny* publie un mémoire sur les divers Mars 1826
moyens de faire remonter jusqu'à Paris tous les bâtimens de mer qui peuvent entrer dans le port du Havre.

Le 3 mai 1825 une Compagnie de capitalistes avait soumissionné l'exécution de ce projet qui fut présenté le 12 juillet suivant à M. le Président du Conseil des Ministres. M. *Bérigny* propose d'établir un canal latéral sur la rive droite de la Seine depuis le Havre jusqu'à Gauville, au-dessus de Caudebec, sur une longueur de 60,000 mètres. La profondeur de son mouillage serait de 6 mètres, sa largeur au plafond de 20 mètres, et sa largeur totale au plan d'eau de 44 mètres. Chacune des extrémités du canal serait terminée par une écluse à sas susceptible de recevoir à la fois plusieurs navires; à ces dispositions générales M. *Bérigny* ajoute la proposion de faire une coupure d'Yainville à Duclair et d'abréger ainsi de 15500 mètres, le trajet de 18,500 mètres qui résulte du développement de la rivière entre ces deux points.

La dépense totale des ouvrages est évaluée à 65,000,000[f].

« M. *Bérigny* ne s'est pas dissimulé que dans « l'état actuel des mouvemens du commerce, « on ne trouverait pas assez de ressources pour « dédommager d'un projet aussi vaste et que, « si loin de se contenter de l'espoir de béné-

« fices fondés sur des prospérités nouvelles, « on voulait se borner à des spéculations basées « sur les produits certains que l'on pourrait « obtenir dans l'état présent des affaires, il fau- « drait se restreindre au simple perfectionnement « de la navigation actuelle, et rester toujours « en lit de rivière. »

Mars 1826

MM. *de Prony*, Inspecteur Général, *Dutens* et *Cavenne* Inspecteurs Divisionnaires sont désignés pour composer la Commission d'Ingénieurs chargés d'examiner les projets et les devis présentés par la Compagnie du Canal Maritime.

1826 et 1827

M. l'Ingénieur *Sénéchal* présente à la Commission du Canal Maritime un projet de barrage qu'il propose d'établir entre la pointe du Hode et Berville ; d'après ce projet la navigation du Havre au Hode s'établirait par un canal latéral.

6 Novembre 1827

MM. les soumissionnaires du Canal Maritime écrivent à la Commission pour la prévenir qu'ils retirent les projets de barrage, et l'inviter à s'occuper uniquement de l'examen du projet de canal latéral.

1826 et 1827

M. l'Ingénieur *Fresnel* rédige un projet de

navigation du Havre à Rouen, au moyen d'un canal latéral établi sur la rive droite de la Seine depuis le Havre jusqu'à St-Paul près Duclair, à l'extrémité d'une coupure faite dans l'isthme de Jumièges, sur le territoire d'Yainville. La navigation de St-Paul à Rouen doit se continuer par la rivière, en faisant des approfondissemens partiels. Le tracé du canal latéral du Havre au Hode est le même que celui proposé par M. *Sénéchal*. Le plafond du canal serait établi au niveau du busc de l'écluse de la barre au Havre, et la profondeur de son mouillage serait fixée à 6 mètres; la longueur de la ligne navigable du Havre à St-Paul serait de 67,062 mètres.

22 Octobre 1827 M. l'Ingénieur *Duleau* présente à la Commission un rapport, qu'il a été chargé de faire, qui contient des vues nouvelles tant sur l'alimentation du Canal que sur son embouchure au Havre; il traite spécialement des changemens à introduire dans les moyens de construction. Les modifications proposées par M. *Duleau* sont le résultat des études faites de concert et d'un

commun accord avec M. *Fresnel*. Le montant total de ce projet est de 70,000,000[f]

La Commission du Canal Maritime présente son second rapport, dans lequel elle propose quelques modifications dans les détails des projets ; elle termine en accordant de justes éloges aux divers auteurs de ces projets. 20 Janvier 1828

La Compagnie du Canal Maritime restreint son projet à un Canal qui permettrait aux navires, que les marées font remonter jusqu'à Rouen, d'arriver à Paris, en donnant seulement à ce Canal une profondeur de flottaison de 4 mètres ; elle fait connaître à M. le Directeur Général qu'elle retire la partie du projet relative au Canal latéral, entre Rouen et le Havre. 1829

M. l'Ingénieur *Bayard de la Vingtrie* est chargé de la révision et de la refonte des projets, en se conformant aux indications données à la Compagnie par MM. *Bérigny* et *Cavenne*.

L'exécution de ce nouveau projet qui comprendrait une ligne de navigation de 180,000 mètres environ, est estimée devoir coûter 65,000,000[f]

Et les produits en sont estimés à 6,670,000f

1829 La Compagnie publie tous les documens statistiques, hydrographiques, et commerciaux, qui peuvent justifier l'entreprise du Canal Maritime, et faire connaître les évaluations des dépenses et des produits.

Il résulte de cette revue, que depuis que l'on s'occupe d'améliorer la navigation de la basse Seine, il a été présenté six projets différens de Canal latéral, savoir : cinq sur la rive droite :

du Havre à Harfleur, par M. *Pattu;*
du Havre à la pointe du Hode, par M. *Sénéchal;*
du Havre à Villequier, par *Lamblardie;*
du Havre à Gauville, par M. *Bérigny;*
du Havre à St-Paul, par M. *Fresnel;*
et le 6e sur la rive gauche, par M. *Cachin.*

Il a été proposé trois projets de barrage savoir :

de Honfleur à Harfleur, par M. *Pattu;*
de St-Sauveur à Guenneville, par M. *de Lescaille;*
de Berville à la pointe du Hode, par M. *Sénéchal.*

Il semble que jamais question ne fut examinée avec plus de soins et par des hommes plus habiles, sous le rapport de l'art et sous le rapport commercial, et cependant la Compagnie qui attachait tant d'importance à ce grand projet, et qui avait tant d'intérêt à en provoquer l'exécution, l'abandonne tout-à-coup pour ne plus s'occuper que de la navigation de Rouen à Paris. Nous appercevons plusieurs considérations qui ont dû déterminer la Compagnie à prendre cette décision; 1° les difficultés prévues et imprévues d'exécution; 2° les conséquences graves de cette exécution pour les établissemens existants et les propriétés particulières; 3° l'éventualité des dépenses, déjà estimées à des sommes considérables; 4° Enfin l'incertitude, et même l'impossibilité d'obtenir des produits en rapport avec les dépenses. En présence de motifs aussi puissants, il était prudent de s'abstenir; doit on conclure de là qu'il faut renoncer pour toujours à améliorer la navigation de la basse Seine, je ne le pense pas, mais les Ingénieurs qui s'occuperont désormais de ce projet, devront diriger tous leurs efforts vers des améliorations évidemment possibles sous le rapport de l'art et de la dépense.

CHAPITRE II.

ÉTAT ACTUEL DE LA NAVIGATION DANS LA BASSE-SEINE.

La Seine entre le Havre et Rouen a 124,000 m. de longueur (31 lieues).

Les bâtimens qui font la navigation actuelle de la basse Seine peuvent se diviser en trois classes : 1° Les navires faisant le commerce du long-cours et du cabotage ; 2° Les allèges, gribannes, &c. qui établissent une communication entre le Havre et Rouen, et les autres ports situés sur les bords de la Seine ; 3° Les bateaux à vapeur qui transportent eux-mêmes des marchandises, ou qui remorquent des chalans du Havre à Rouen et à Paris.

Les bâtimens de la première classe sont du port de 100 à 200 tonneaux, leur tirant d'eau est de 8 à 10 pieds (2^{m} 60 à 3^{m} 25).

Les bâtimens de la 2e classe sont du port de 50 à 80 tonneaux, leur tirant d'eau est de 2 à 3[m].

Les bateaux à vapeur des plus grandes dimensions ne tirent pas plus de 2[m], 25 de hauteur d'eau.

Les chalans qu'ils remorquent sont de grands bateaux à fond plat, du port de 160 à 500 tonneaux, ils ont jusqu'à 37[m], 35 de longueur (115 pieds), et 8, 80 (27 pieds) de largeur; leur plus fort tirant d'eau est de 3[m], mais ils ne chargent pas à plus de 2[m], 60.

La quantité de marchandises transportées sur la basse Seine, entre le Havre et Rouen, peut être évaluée, année commune, à.. 240,000 tx.

dont 100,000 environ par les bateaux à vapeur.

Les transports par terre étaient évalués en 1824 à........... 20,000 tx.

mais ils sont réduits aujourd'hui à environ.................... 10,000 tx.

Le prix moyen des transports faits par les bateaux à vapeur, du Havre à Rouen, est de 12 f. par tonneau; par les gribannes et autres bâtimens à la voile, le prix moyen des mêmes transports est de 8 à 10 f. par tonneau.

Le prix moyen des transports par terre est de 25 à 30 f. par tonneau.

L'assurance entre le Havre et Rouen, pour les transports par bateaux à vapeur, est de 1/4 p. o/o; par les bâtimens à la voile l'assurance est de 1/2 p. o/o.

Il est impossible de fixer le temps que les navires à la voile mettent à monter jusqu'à Rouen, ou à descendre de Rouen au Havre; les vents, la marée et le tonnage influent beaucoup sur le temps du voyage. Lorsque le vent et la marée sont favorables, un bâtiment peut aller du Havre à Rouen en trois jours, mais c'est un cas très-rare : le plus souvent il met huit jours et quelquefois quinze à vingt jours; encore suppose-t-on qu'il n'est pas obligé de s'arrêter à quelques posées pour attendre les vents favorables ou le retour de la vive eau, et qu'il n'éprouve pas d'accidens.

La descente est ordinairement moins longue ; le temps le plus court est deux ou trois jours, et le plus long huit à dix jours. Les bateaux à vapeur ont un grand avantage sur les bâtimens à la voile ; lorsque les eaux sont moyennes, ils peuvent aller du Havre à Rouen, en remorquant un chaland, en douze à quinze heures, mais il faut pour cela que la marée permette de partir du Havre le matin ; on peut prendre vingt-quatre heures pour le temps moyen.

La navigation par bateaux à vapeur prend tous les jours plus d'extension, aux dépens des bâtimens à la voile qui ne peuvent pas soutenir la concurrence pour la célérité et l'exactitude des arrivages.

Il y a maintenant quatre compagnies de bateaux à vapeur établies au Havre ; savoir :

La Compagnie *Bertin* qui a trois remorqueurs à vapeur et vingt chalands.

La Compagnie *Anonyme* qui a quatre bateaux à vapeur en fer, dont chacun porte des marchandises et remorque en même-temps un chaland.

Ces deux Compagnies transportent directement

les marchandises à Paris, en desservant aussi Rouen.

La Compagnie *Lecoq* père, qui a un remorqueur à vapeur de la force de 160 chevaux, et quatre grands chalands.

La Compagnie *Maillet-Duboullay,* qui a un remorqueur à vapeur de la force de 120 chevaux, et quatre grands chalands.

Ces deux dernières Compagnies transbordent à Rouen, les marchandises destinées pour Paris, dans les bateaux de la grosse marine.

Plusieurs bateaux à vapeur appartenant à M. *Beasley* font quelquefois le remorquage; mais ils sont plus spécialement employés comme bateaux de passage du Havre à Honfleur et à Rouen.

M. *Foache*, constructeur, a un bateau à vapeur qui prend aussi des voyageurs pour Rouen.

Enfin, il y a maintenant au port du Havre quinze bateaux à vapeur, et 32 chalands dont huit de quatre à cinq cents tonneaux, et vingt-quatre de cent soixante à deux cents tonneaux.

Sans doute l'emploi des bateaux à vapeur a

déjà modifié d'une manière avantageuse la navigation de la basse Seine, mais on peut encore faciliter et encourager ce nouveau moyen de transport, en faisant disparaître une partie des obstacles que l'état actuel des choses présente à la navigation.

CHAPITRE III.

EXAMEN DES OBSTACLES NATURELS QUE RENCONTRE LA NAVIGATION ACTUELLE.

Les obstacles naturels que rencontre la navigation actuelle sont :

1° Les vents ;

2° Les bancs et les hauts fonds ;

3° Les basses eaux ;

4° Les hautes eaux ;

5° Le flot ou la barre ;

6° Les courans ;

7° Les glaces.

1°. Les Vents.

Les vents les plus favorables, pour monter la Seine, sont entre le Nord-Ouest et le Sud-Ouest. Ce sont aussi ceux qui s'opposent à la sortie du port du Havre ; ils sont les plus fréquens, et occasionnent les tempêtes. Ainsi, il arrive souvent que le port du Havre est encombré de caboteurs destinés pour la Seine, qui attendent un vent favorable pour sortir du port, tandis que s'ils pouvaient seulement doubler avec sécurité la jetée du Sud, ils auraient bon vent pour monter en Seine.

On peut aller du Havre à la Mailleraye avec le même vent, et même jusqu'à la Chapelle du Bout du Vent, ainsi appelée parce que c'est à ce point qu'ordinairement le vent est contraire pour continuer la route vers Rouen.

Il est dangereux de naviguer par des vents violens, même favorables, depuis le Havre jusqu'à la Mailleraye ; le navire emporté par les vents et les courans, peut échouer sur un banc et se perdre corps et biens ; les vents contraires sont encore plus dangereux, parce que les passes n'ont pas assez de largeur pour permettre de louvoyer.

Depuis la Mailleraye jusqu'à Rouen, la Seine fait tant de contours, dans des directions différentes qu'il est presque impossible de la parcourir sans rencontrer des vents contraires ; cet obstacle peut être vaincu par le halage, car les marins assurent qu'un bâtiment peut toujours faire route en se faisant haler, quelles que soient sa dimension, la direction et la force du vent.

2°. Les Bancs et les Hauts Fonds.

La variation des bancs, que l'on rencontre entre le Havre et Villequier, est un des plus grands obstacles à la navigation actuelle. On conçoit combien cette variation doit offrir de dangers, puisqu'un bâtiment court risque de s'échouer dans le même endroit où il pouvait facilement passer la veille. Il y a certains points où l'échouement entraîne la perte du navire ; ainsi, en vive eau, il est très-probable qu'un navire échoué par le travers entre Laroque et Quillebeuf, ou entre Quillebeuf et Villequier, sera chaviré par la barre et entraîné par le flot.

La variation des bancs est produite par les

courans ; en général, le flot occasionne des atterrissemens et l'èbe creuse le chenal. En effet, la mer montante passant sur les bancs, en enlève une tranche qu'elle dépose dans les fonds ; au contraire à basse mer, les courans se resserrent dans les passes et les creusent davantage ; c'est pour cela que les changemens de passe n'ont lieu que pendant la vive eau.

Le premier banc que l'on rencontre en sortant du Hâvre est celui d'Amfar dont la direction suit à peu près l'axe de la baie ; le deuxième est celui du Ratier, situé en-dessous d'Honfleur ; ces bancs sont, dit-on, formés par les débris des falaises depuis le cap d'Antifer jusqu'à la Hève ; il n'y a pas un mètre d'eau sur ces bancs à mer basse de vive eau, aussi sont-ils couverts de brisans qui en indiquent la direction et l'étendue.

Le banc de St-Sauveur, à l'amont d'Honfleur, est d'une grande étendue, la passe se dirige tantôt au Sud, tantôt au Nord de ce banc.

Jusqu'à Quillebeuf le lit de la Seine est obstrué par plusieurs bancs changeans ; les plus considérables sont en aval de la pointe de la Roque, et en aval du Nais de Tancarville. Celui-ci est quelquefois assez herbé pour y faire paître des bestiaux, puis tout à coup le courant se dirige au Nord, au pied de la falaise, et fait disparaître une partie de ce banc.

En amont de Quillebeuf, on trouve vers la rive droite le banc du Tôt que l'on considère comme fixe, mais qui est cependant variable dans ses dimensions ; il tient à la terre du côté de Gravenchon, en formant vers cette rive une anse qui offre peu de profondeur d'eau.

Entre Quillebeuf et Villequier sont les bancs qui forment la traverse, l'écueil le plus redouté et en effet le plus dangereux. On n'y trouve pas un mètre d'eau à mer basse et dans le temps de l'étiage ; la traverse d'Aizier est séparée de celle de Villequier par un bas fond, à la hauteur de la Vaquerie. On attribue la formation de ces traverses à l'équilibre qui s'établit, dans cette partie de la rivière, entre les courans de flot et d'èbe ; par ces deux actions contraires, les sables ont un mouvement d'oscillation de Villequier vers Quillebeuf, et de Quillebeuf vers Villequier, selon que les courans d'èbe ou de flot ont la supériorité; mais le déplacement total de ces alluvions, n'a jamais lieu; on remarque, en effet, que l'une des traverses s'abaisse lorsque l'autre s'élève et réciproquement.

Au-dessus de Villequier, les bancs peuvent être considérés comme constans. Entre Villequier et Caudebec, la rive gauche a été dégradée par le flot, sur environ 4 à 500 mètres de largeur, mais sur 2 mètres de hauteur seulement; il serait donc dangereux de s'écarter du chenal pour s'approcher de cette rive. Vis-à-vis du château de la Martinière, on trouve, à 20 mètres au large, un rocher qui n'est dangereux que dans les basses eaux, et qu'il est d'ailleurs facile d'éviter.

Entre Caudebec et la Mailleraye les bancs de la rive gauche se continuent, et l'on en trouve de nouveaux vers la rive droite, avant d'arriver au Trou de Gauville.

Vis-à-vis de Caudebequet, les pilotes évitent avec soin le banc des Meules que l'on prétend formé des ruines de l'abbaye de Fontenelle, remplacée par celle de St Wandrille.

Il existe encore à la pointe de Blicquetuit un rocher qui se prolonge jusque vis-à-vis du passage de la Mailleraye ; mais il ne serait dangereux que dans les eaux très-basses.

De la Mailleraye à Duclair, les pilotes ne cherchent à éviter qu'un rocher, qu'ils disent être vis-à-vis du Trait.

De Duclair à la Bouille il y a des précautions à prendre pour doubler l'île du Calumet et celle aux Peuples, parce que les pointes de ces îles courent au-dessous de l'eau sur une grande distance.

De la Bouille à Rouen, on rencontre un premier haut fond entre l'île du Val de la Haie et la rive droite; mais lorsqu'on n'est pas obligé de suivre le halage établi sur cette rive, on trouve vers la rive gauche un chenal vaste et profond.

Le deuxième haut fond est au passage du Croisset, entre l'île Potier et l'île Rivet; mais on pourrait l'éviter en passant entre l'île du Val et l'île Potier ; ce haut fond disparaîtrait d'ailleurs facilement par un draguage.

3°. Les Basses-Eaux.

Les basses-eaux ont deux causes, les marées et l'étiage de la rivière. En aval de Quillebeuf, c'est en vive-eau que les eaux baissent davantage, parceque la rivière est en communication directe avec la mer par une large baie ; en amont de Quillebeuf au contraire, c'est la morte-eau qui donne les basses-eaux, parceque le volume d'eau à écouler dans le même temps étant moins considérable, les eaux atteignent l'étiage de la rivière avant le retour du flot.

En joignant par une seule ligne de pente les basses-eaux de Quillebeuf avec les eaux d'équinoxe au Havre, on remarque qu'en plusieurs endroits, le fond de la passe ou du Thaalweg, reste au-dessus de cette ligne ; mais la pente totale des eaux, entre Quillebeuf et le Havre, ne se distribue pas ainsi uniformément ; il y a des parties, en amont des hauts-fonds, où la pente est très-faible, tandis qu'il se forme des cataractes en aval ; il faut donc, pour que la navigation puisse commencer avec sécurité, que la mer montante rachète toutes ces chutes partielles, et recouvre les hauts-fonds de la passe, d'une hauteur suffisante pour le tirant d'eau des navires qui remontent la Seine.

Dans l'état actuel des choses, il serait imprudent de naviguer dans la basse Seine, même en vive-eau, avec des navires dont le tirant d'eau dépasserait 3 mètres.

La pente totale de la Seine depuis Rouen jusqu'au Havre, les eaux étant à l'étiage à Rouen, et au niveau de la basse-mer d'équinoxe au Havre, est de........... 5^{m}, 074, répartis de la manière suivante :

DÉSIGNATION DES PARTIES.	longueurs	PENTES partielles.	PENTES par MÈTRES.
De Rouen à la Bouille.....	17500	m 0,219	m 0,0000125
De la Bouille à Duclair......	18700	0,150	0,0000080
De Duclair au Ménil.......	11600	0,145	0,0000125
Du Ménil à La Mailleraye...	14600	0,100	0,0000070
De La Mailleraye à Villequier.	10300	0,060	0,0000060
De Villequier à Quillebeuf..	20500	0,800	0,0000400
De Quillebeuf au Havre....	30800	3,600	0,0001170
TOTAUX.........	124000^{m}	5^{m}074^{ml}	

Les basses-eaux sont un obstacle pour la navigation ascendante et descendante ; leur influence se fait surtout sentir entre Quillebeuf et la Mailleraye ; parce que en aval de Quillebeuf la mer supplée aux basses-eaux de la rivière, et en amont de la Mailleraye, le chenal est presque partout assez profond, pour qu'un navire de 3 mètres de tirant d'eau puisse naviguer, même pendant l'étiage ; aussi, les bâtimens qui montent sont-ils obligés de s'arrêter à Quillebeuf, et ceux qui descendent de stationner à la Mailleraye, en attendant que la hauteur des eaux leur permette de passer sur la traverse.

4°. Les Hautes-Eaux.

Les hautes-eaux sont favorables pour les navires qui descendent la Seine, parce que alors le courant est plus rapide, et que l'on ne craint pas de toucher sur les hauts-fonds ; cependant, lorsque les rives sont submergées, la navigation devient dangereuse, le chenal ne pouvant plus se reconnaître facilement.

Les hautes-eaux sont un obstacle pour les navires qui remontent la Seine, le flot se fait moins sentir et dure moins de temps, et comme les chemins de halage sont alors impraticables, la navigation ascendante éprouve beaucoup de retards.

En rapportant, sur le profil en long de la basse Seine, la vive-eau du 16 Mars 1824, cette ligne est sensiblement de niveau depuis Rouen jusqu'à la mer, et se raccorde avec les hautes mers d'équinoxe. L'inondation du 11 novembre 1810 était à la Bouille à 1^{m}, 25 au-dessus des eaux du 16 Mars 1824; celle de 1740 était à 0,07 au-dessus de celle de 1810, et celle de 1658, la plus forte inondation connue, s'élevait encore à 0,20 plus haut.

5°. Le Flot ou la Barre.

Le flot se présente sous plusieurs aspects, selon les saisons, les marées et les localités; les plus remarquables peuvent se réduire à trois.

1° Le flot se manifeste par une onde unique, qui paraît parcourir la Seine avec une grande rapidité. Cette forme se remarque en morte-eau, le temps étant calme, et lorsque le lit de la rivière est régulier et profond.

2° Quelquefois on aperçoit plusieurs ondes consécutives ; c'est alors le système de ces ondes, dont la forme est variable, qui paraît avoir une grande vitesse ; le flot a cette apparence en morte-eau, le temps étant moins calme, et lorsque le lit est sinueux et moins profond.

3° Il se forme en travers de la rivière une vague qui s'élève en déferlant au-dessus du niveau des eaux ; c'est ce qu'on appelle *la barre*. La hauteur de cette vague varie depuis 0,60 jusqu'à plus de 2^{m} ; le plus ordinairement elle est de $1^{m},00$. La barre s'observe surtout en vive-eau, lorsque les vents sont violens.

La vitesse du flot, observée entre la Mailleraye et la Bouille, est moyennement de $6^{m},64$ par seconde, ou de 24,000 mètres par heure ; cette vitesse est plus considérable en aval.

Le flot, qui parcourt la Seine aussi rapidement, ne doit pas être considéré comme un corps animé de cette vitesse ; la vague ou la barre que l'on aperçoit à Duclair, n'est pas celle que l'on a vu passer à la Mailleraye : un corps flottant, rencontré par la barre, est seulement soulevé par elle, et reste ensuite à peu près au même point.

On a donné diverses explications de ce phénomène; quant à moi, je pense que le flot est l'effet produit par le choc de deux courans opposés; lorsque ces deux courans commencent à se rencontrer, ils mêlent leurs eaux sans produire d'autre effet sensible que l'exhaussement du niveau de l'eau; mais le courant venant de la mer, augmentant rapidement en vitesse et en volume, produit un choc sur les eaux de la Seine déjà accumulées; l'eau étant incompressible, est obligée de s'élever et produit un des effets que nous avons décrits. La première tranche choquée transmet le choc à la tranche suivante, cette transmission se propage ainsi de l'aval à l'amont, et elle est d'autant plus rapide que le choc est plus considérable, ce qui doit avoir lieu en vive-eau, et lorsque les vents de mer sont violens.

La barre ne commence à être aperçue qu'à la hauteur de Berville : la largeur de la rivière étant considérable dans cette partie, le refoulement des eaux de la mer y est moins sensible ; entre la Roque et le Nais de Tancarville, l'effet produit est beaucoup plus apparent : c'est à Quillebeuf que la barre paraît avoir atteint sa plus grande hauteur et sa plus grande énergie.

Lorsque la barre rencontre un banc élevé, il y a répulsion et il se forme une contre-barre qui, en rencontrant la barre principale, forme un tourbillon que les marins appellent *bouillard*. On ne peut naviguer sur la Seine, immédiatement après le passage de la barre, sans rencontrer une infinité de courans qui se contrarient et qui présentent des dangers. Ce n'est quelquefois qu'une heure après le passage de la barre que le courant est établi uniformément vers l'amont. Le navire qui se trouve engagé dans ces courans est souvent renversé, sans que l'on ait eu le temps de prendre aucune mesure pour le sauver.

La barre, qui avant d'arriver à Quillebeuf, pouvait se développer sur toute la largeur comprise entre la pointe de Tancarville et les marais Vernier, rencontre un obstacle à Quillebeuf qui la force de changer de direction; elle se fait alors sentir dans un espace plus resserré, entre la pointe de Quillebeuf et les marais de Mesnil sous Lillebonne, et se dirige avec une grande vitesse, entre la pointe du banc du Tot et la rive droite de la Seine. Les eaux refoulées rencontrent le banc du Tot, qui les repousse, et l'on aperçoit bientôt une barre, en sens inverse de la première, qui contourne toute la rive gauche, pour revenir, sur la pointe de Quillebeuf, se raccorder avec le courant de flot déterminé par la première barre: c'est cette seconde barre que les marins appellent *barre du nord*. Les navires posés à Quillebeuf ne redoutent pas la première barre, mais ils craignent celle du nord qui vient frapper les quais de Quillebeuf, et causer quelquefois des avaries majeures aux navires qui se choquent entre eux, ou contre les murs de quai.

Lorsqu'un bâtiment est sur une posée et bien amarré, le flot peut lui faire éprouver des avaries, mais il ne se perdra pas. S'il est forcé d'attendre le flot dans une partie profonde du chenal, il peut éviter les dangers, en jetant l'ancre au milieu du chenal, en présentant sa proue au courant, et en se tenant prêt à filer du cable. Il doit aussi frapper des cables de retenue sur les rives, si sa position le lui permet. On a vu souvent les cables les plus forts se briser, et les navires s'échouer sur un banc.

Si un navire s'échoue sur un banc en aval de Quillebeuf, ou sur les traverses entre Quillebeuf et Villequier, et que ce soit dans la vive-eau, sa perte est presque certaine. Le courant de flot qui suit la barre, le fera chavirer et le roulera comme une tonne. Dès qu'un bâtiment est dans cette position, on jette plusieurs ancres, pour éviter, s'il est possible, qu'il soit entraîné, et l'équipage descend à terre pour attendre l'événement : on a cependant vu des capitaines et des pilotes périr plutôt que d'abandonner leur bâtiment. Si le navire se relève heureusement, il est aussitôt rejoint par des bateaux toueurs, et des pilotes dirigent les manœuvres de sauvetage : mais malheureusement tous ces efforts sont souvent inutiles. Il n'est pas même toujours possible de sauver la cargaison dans les marées suivantes, car le courant creuse le fond de sable sur lequel le navire est échoué, tantôt sur un bord, tantôt sur l'autre, et bientôt ce bâtiment est englouti. On en a vu s'enfoncer de 4 mètres en 24 heures; on n'aperçoit plus alors que les mâts qui indiquent l'écueil aux autres bâtimens ; c'est ainsi qu'en amont et en aval de Quillebeuf, des mâts épars attestent les pertes immenses faites par le commerce dans cette partie de la Seine.

Au-dessus de Villequier, les effets du flot sont moins violens, mais ils sont encore destructeurs pour les rives, et dangereux pour les navires. Lorsqu'il rencontre un talus très-incliné, le choc est peu considérable; mais si le mur est vertical, le choc est violent, et augmente l'exhaussement des eaux. C'est pour cette raison que le flot surmonte des perrés, tandis qu'il ne recouvre pas des prairies moins élevées. les quais de Caudebec sont quelquefois submergés par le flot, et les navires à quai éprouvent alors des avaries.

Duclair peut être considéré comme la limite des effets nuisibles du flot ou de la barre.

6°. Les Courans.

Pendant douze heures, les eaux de la Seine coulent alternativement vers Rouen et vers le Havre ; à la hauteur de Quillebeuf, le temps moyen de l'écoulement vers la mer est de neuf heures, et celui de l'écoulement vers Rouen est de trois heures. En remontant vers Rouen, le temps de l'écoulement à la mer augmente ; les bâtimens ne peuvent donc ni monter ni descendre la Seine, sans être arrêtés par un courant en sens inverse de leur direction.

Outre les courans d'èbe et de flot, on rencontre, entre Villequier et le Havre, beaucoup d'autres courans produits par les bancs, ou par la disposition des rives. La plupart de ces courans sont connus des pilotes, et leurs effets peuvent être prévus et évités, mais il est nécessaire que les bâtimens ne s'écartent pas du chenal, où se trouve le courant principal ; sans cette précaution, un courant accidentel pourrait les jeter sur un banc.

Il a été fait des observations sur les vitesses et les directions des courans à la hauteur de Quillebeuf ; elles ont donné les résultats suivans :

1°. La plus grande vitesse du courant de flot, varie de 2^m, 50 à 2^m, 80 par seconde ; on n'a pas observé de vitesse égale à 3 mètres, et cependant des bâtimens échoués ont chaviré, pendant le temps des observations ;

2°. La vitesse du courant d'èbe est toujours plus forte que celle du courant de flot ; son maximum est de 3 mètres par seconde en vive-eau, et de 2 mètres en morte-eau ;

3°. Le courant de flot n'a pas acquis le maximum de sa vitesse, immédiatement après le passage de la barre, mais il l'acquiert seulement une demi-heure après ce passage ;

4°. La vitesse du courant d'èbe, qui croît avec le temps, diminue toujours environ un quart d'heure avant l'arrivée du flot.

On peut donc conclure, qu'au moment où les courans d'èbe et de flot se choquent, ils n'ont ni l'un ni l'autre leur maximum de vitesse.

5°. La vitesse de la mer descendante, croît assez rapidement pendant environ deux heures, après le moment de la mer étale; elle n'est pas alors très-éloignée de son maximum.

En comparant ces observations avec celles qui ont été faites en amont de Villequier, on remarque qu'en aval de la traverse, la vitesse maximum du courant de flot est plus foible que celle du courant d'èbe, tandis qu'au-dessus de la traverse, la vitesse du courant de flot est plus grande que celle du courant d'èbe. On remarque encore, que les vitesses des mêmes courans, comparées entre elles, sont beaucoup plus foibles en amont de la traverse qu'en aval; en effet, la plus grande vitesse du courant de flot, observée en amont de Villequier, est de 1^{m}, 21 par seconde, et la plus grande vitesse du courant d'èbe est de 0^{m},40. On peut donc conclure que la traverse forme barrage, et qu'elle retient les eaux dans la partie supérieure de la Seine, en diminuant leur vitesse dans les deux sens, et qu'il se forme une cataracte en aval de cette traverse.

7°. Les Glaces.

Les glaces sont un obstacle pour la navigation, sur tout le cours de la Seine, mais principalement entre la Mailleraye et Quillebeuf, où elles s'accumulent davantage. En aval de Quillebeuf, il arrive souvent que, lors du dégel, des glaçons couverts de vase échouent dans les passes, et forment des hauts-fonds dangereux, puisqu'ils sont inconnus. Les pilotes devraient donc sonder les passes avec soin, après les dégels, lorsque la rivière a charrié des glacons.

CHAPITRE IV.

TRAVAUX PROPOSÉS POUR DIMINUER OU FAIRE DISPARAITRE LES OBSTACLES NATURELS QUE RENCONTRE LA NAVIGATION ACTUELLE.

Les travaux proposés se composent de trois parties bien distinctes :

1°. Canal et Dock des Neiges ;

2°. Digue et Epis de rétrécissement ;

3°. Coupure d'Yainville.

1°. Canal et Dock des Neiges.

Le Canal des Neiges établirait une communication entre le port du Havre et la basse Seine, à travers la plaine de l'Heure ; il serait la continuation du Canal Vauban, dont une longueur de 900 mètres fait partie des grands travaux du port du Havre, approuvés et en cours d'exécution.

Ce Canal et les établissemens qui y seraient joints, présenteraient assez d'avantages à une compagnie, pour qu'elle se chargeât de son exécution, moyennant la concession de péages sur le passage et le séjour des navires, et sur l'emmagasinement et le dépôt des marchandises dans ses magasins et dans ses chantiers. Ce projet a été étudié dans tous ses détails, sous les rapports de l'art, de la dépense et des produits, et il sera offert isolément, comme objet de spéculation, aux capitalistes. Nous ne le considérerons ici que comme contribuant à l'amélioration de la navigation de la basse Seine, et, par conséquent, comme faisant partie du système général que nous proposons.

Au moyen de cette nouvelle communication, les bâtimens, destinés pour Rouen, ne seront plus obligés de rester dans le port du Havre, lorsque les vents s'opposent à leur sortie, ou de se faire haler à grands frais : ils ne craindront plus de s'exposer à la mer, et aux courans souvent dangereux, pour sortir du port, lorsque les vents d'ouest ou de sud-ouest soufflent avec violence. (1)

Les chalands remorqués par les bateaux à vapeur sont forcés maintenant, après avoir reçu leur chargement dans les bassins, de venir échouer dans le port, pour être remorqués à la marée suivante ; cet échouage occasionne souvent des avaries aux bateaux et à la marchandise, et fait perdre une marée. Au moyen d'un bief éclusé à l'embouchure du canal, qui pourra contenir huit navires ou chalands, la sortie en Seine aura lieu sans échouage, et à toute hauteur de marée.

Dans l'état actuel des choses, les bateaux à vapeur sont échoués dans l'avant-port sur un plateau de vase, élevé de 1 mètre 50 au-dessus du busc de l'écluse de la barre. Le fond du chenal, à l'embouchure du canal, ne sera qu'à 1 mètre 30

(1) Au moment où je signale ces dangers, le bateau à vapeur l'Hirondelle s'échoue en sortant, ainsi que son Chaland, au sud du port, le vent étant à l'Ouest, petit frais. Ce n'est qu'avec beaucoup de peine qu'on parvient à les sauver. Si le vent eût été plus fort, ils étaient perdus corps et biens ; ils rentrent dans le port avec des avaries. — 19 mars 1832.

au-dessus du même busc : ainsi les remorqueurs pourront sortir du Canal, au moins aussitôt qu'ils partent aujourd'hui du port du Havre ; mais ils seront déjà à 3,600 mètres des jetées, et comme il leur faut au moins 1/2 heure pour parcourir cette distance, le temps de leur navigation sera diminué de 1/2 heure, ce qui produira une économie de combustible, et plus de célérité dans les arrivages.

L'avant-port, à l'embouchure du canal, servira de refuge aux bâtimens qui, venant de la mer, auraient manqué le port du Havre, et à ceux qui, descendant la Seine, trouveraient la mer assez houleuse pour rendre dangereuse l'entrée du Havre.

En temps de guerre, le Canal des Neiges fera communiquer, sans danger, le port du Havre avec Paris, Rouen, Honfleur, etc. ; le Dock servira de refuge à toute la marine du Havre, exposée à être brûlée par un bombardement.

La dépense totale du Canal et des établissemens qui en dépendent est estimée à.... F. 2,500,000

y compris une somme à valoir de. F. 168,000

qui serait encore augmentée par les rabais des adjudications.

L'évaluation des droits à percevoir, établie d'après des renseignemens positifs, et déduction faite des frais de personnel, d'entretien et d'impositions, se monte à..............F. 200,000

Ce résultat peut être regardé comme un minimum, surtout si l'on considère que le port du Havre est appelé, par sa position et par les travaux qu'on y exécute, à une prospérité toujours croissante. On doit donc espérer de voir bientôt s'exécuter cette première partie du projet d'amélioration de la navigation.

2° Digue et Epis de Rétrécissement.

Il est reconnu par tous les navigateurs, que les plus grands obstacles qu'éprouve la navigation actuelle sont entre la pointe de Tancarville et Villequier. Si un bâtiment venant du Havre ne peut atteindre Quillebeuf, il échouera au-delà de Tancarville; s'il ne peut parvenir au même point en descendant, il échouera sur la traverse, en sorte que l'on peut regarder Tancarville et Villequier comme les deux limites entre lesquelles les naufrages ont lieu. La cause de ces naufrages est le manque d'eau dans la passe, ou l'échouement sur un banc.

Plusieurs ingénieurs ayant pensé qu'un barrage remédierait à ces inconvéniens; il a été présenté successivement trois projets de barrage; le 1er devait être établi entre Honfleur et Harfleur, le 2e de St-Sauveur à Guenneville, le 3e de Berville à la pointe du Hode; mais on n'a pas donné suite à ces projets, parce qu'ils présentaient de grandes difficultés d'exécution, et qu'ils auraient occasionné des dépenses considérables. On avait aussi à craindre, en diminuant la baie de la Seine, dans laquelle se répand la mer montante, de faire monter la mer sur les quais du Havre, et de compromettre les avantages dont jouit ce port.

Les effets présumés des barrages ont été recherchés et discutés contradictoirement, par des marins et des ingénieurs distingués, mais les opinions sont restées divisées ; il suffit qu'il y ait doute sur un résultat, dont les conséquences peuvent être si funestes, pour qu'il soit prudent d'abandonner entièrement les projets qui ont donné lieu à cette discussion.

Puisque les dangers sont surtout entre Tancarville et Villequier, on obtiendrait une grande amélioration si l'on parvenait à fixer et à approfondir le lit de la Seine dans cette partie ; voici les moyens que je propose pour obtenir ce résultat :

1° Construire une digue de rétrécissement depuis la pointe de la Roque jusqu'à 1000 mètres de la pointe de Tancarville.

2° Établir des épis perpendiculaires à la nouvelle direction du chenal, en laissant 1000 mètres d'intervalle entre les musoirs des épis opposés ; la pointe de Tancarville et celle de Quillebeuf feraient fonction d'épis.

Comme il importe surtout de ne pas diminuer le volume d'eau qui s'introduit à mer montante dans la Seine, afin de ne pas changer le régime des ports du Havre et de Rouen, la digue de rétrécissement et les épis seraient submersibles ; leurs crêtes seraient établies à 3 mètres en contre-bas des hautes mers d'équinoxe, ce qui correspond au niveau des hautes mers de morte-eau extraordinaire.

Moyens d'exécution de la Digue de Rétrécissement. — La montagne de la Roque, qui est un rocher calcaire, fournirait tous les matériaux nécessaires. Les blocs seraient extraits sous le volume le plus fort possible, et jetés au pied de la montagne, jusqu'à ce que l'origine de la digue fût à la hauteur prescrite : On continuerait de la même manière, en suivant la direction indiquée. La portion de digue exécutée, servirait de chemin pour le transport des matériaux, qui seraient toujours jetés à l'extrémité de la partie déjà faite. On voit que ce travail serait d'une exécution aussi facile et aussi économique que possible, et d'une solidité à toute épreuve. Le barrage, ainsi formé, serait en quelque sorte un rocher placé en travers de la Seine, qui, une fois construit, serait inattaquable et n'exigerait aucun entretien.

Le fond actuel du lit de la Seine entre la Roque et Tancarville est très-mobile, et ne paraît pas propre, au premier aperçu, à recevoir les fondations d'une digue à pierres perdues; mais on a vu, que lorsqu'un bâtiment échouait dans ces parages, il s'enfonçait jusqu'au terrain solide; ainsi à mesure qu'une portion de digue sera faite, le pied en sera dégradé par le courant, et les blocs descendront jusqu'à ce qu'ils rencontrent le terrain solide. D'après tous les renseignemens recueillis, et les sondes faites dans les différentes passes qui se sont ouvertes successivement entre la Roque et Tancarville, on trouve partout un fond solide, et inattaquable par le courant, à 10^m en contre-bas des hautes mers d'équinoxe; ainsi la digue aurait 7 mètres de hauteur : en lui donnant 5 mètres de largeur au sommet, et supposant les talus de 10 mètres de base, la largeur totale de la base serait de 25 mètres.

La tête de la digue serait terminée et défendue par un môle circulaire de 10 mètres de diamètre, sur lequel on établirait un phare qui indiquerait, de jour et de nuit, l'entrée du chenal.

Moyens d'exécution des Épis de Rétrécissement. — Avant de construire les épis, on attendrait qu'il se fut formé des atterrissemens entre Quillebeuf et le musoir de la digue. Ces épis seraient en fascinages, et construits de la même manière que ceux déjà établis pour défendre le rivage et la plaine de l'Heure, contre les envahissemens de la mer. S'il était nécessaire de traverser des criques profondes ou d'anciennes passes, ces difficultés seraient bientôt vaincues, en faisant l'application des moyens employés avec tant de succès dans la Flandre Hollandaise, par MM. *Brisson* et *Dan de la Vauterie*, et sur le Rhin par M. *Défontaine*.

Les têtes ou musoirs des épis seraient défendus par des pieux jointifs en chêne, sur lesquels on établirait des estacades, prolongées en ailes, de chaque coté du musoir. Ces estacades rempliraient le double but d'indiquer le chenal, et d'offrir un refuge aux bâtimens surpris dans le chenal par les basses-eaux, et obligés d'attendre le retour du flot pour continuer leur route.

Exhaussement des Eaux en amont de la Digue. — Au-dessous de Quillebeuf, le lit de la Seine est assez large pour que la relation de hauteur, entre la mer et la rivière, s'établisse librement ; dans toute cette partie, les eaux à mer basse sont plus hautes en morte-eau qu'en vive-eau ; l'effet contraire a lieu en amont de Quillebeuf, les eaux sont plus hautes à mer basse de vive-eau qu'à mer basse de morte-eau, parceque l'étranglement formé par la pointe de Quillebeuf empêche que l'écoulement soit assez libre pour faire baisser les eaux proportionnellement à la hauteur de la mer ; or, lorsque cet étranglement sera reporté entre la Roque et Tancarville, le même effet aura lieu en amont de la nouvelle digue, et par suite, la hauteur de l'eau, à mer basse, sera toujours plus grande que celle qu'on y trouve aujourd'hui. La nature du fond qu'on a indiqué ci-dessus, doit s'opposer à ce que le nouveau chenal, entre l'extrémité de la digue et la pointe de Tancarville, s'approfondisse jusqu'au point de rendre aux eaux, par ce seul changement, leur ancien débouché.

On peut donc présumer que la pente s'établira entre Villequier et Tancarville, à peu près comme elle est établie aujourd'hui entre la Mailleraye et

Villequier, en la supposant même de $0^{m},000,01$ par mètre, au-dessous de Villequier, au lieu de $0^{m},000,06$ que l'on trouve au-dessus de Villequier, on aurait encore à Quillebeuf un exhaussement des eaux de 0,30 centim., et à Tancarville d'un mètre et même davantage.

Formation d'un Chenal, en amont de la Digue, plus profond que celui qui existe aujourd'hui. — Nous avons dit que les passes étaient toujours ouvertes par le jusant, mais elles sont variables, parce que le flot en montant agit sur les bancs de sable, les déplace en comblant les passes, et le jusant s'ouvre ensuite une nouvelle route à travers les sables plus divisés, et par conséquent rendus plus mobiles par le flot. Lorsque la digue et les épis seront construits, aussitôt que les eaux seront à la hauteur de leurs crêtes, elles s'écouleront toutes par le chenal déterminé par les musoirs des épis. Cet écoulement sera d'autant plus rapide que les eaux baisseront davantage en aval; ainsi, depuis le moment où les eaux seront descendues à la hauteur des épis, jusqu'à celui où la mer montante aura atteint la hauteur des eaux dans le chenal, toutes les eaux de la Seine s'écouleront par le chenal et tendront à l'approfondir.

On objectera sans doute que le flot apportera de nouveaux atterrissemens dans le chenal, et qu'il se formera une nouvelle traverse dans la partie de la rivière où les courans ascendant et descendant se feront équilibre; qu'ainsi, la traverse changera de place sans cesser d'exister. J'admets qu'il se formera une traverse, puisque le flot viendra déposer de nouvelles alluvions dans le chenal, mais cette traverse sera moins élevée qu'elle ne l'est aujourd'hui, parce que dans le moment où le flot a le plus de vitesse et agit davantage sur les bancs pour les déplacer et les faire remonter, les alluvions rencontreront un obstacle contre la digue de rétrécissement, et ne pourront s'introduire que par un goulet étroit et profond ; lorsque les eaux surmonteront cette digue, elles auront alors moins de vitesse et seront moins chargées de limon; ainsi il entrera moins de sable dans le nouveau chenal, et le courant descendant qui doit les entraîner sera constamment dirigé dans le chenal ; ainsi la cause des atterrissemens sera diminuée, tandis que la cause de leur enlèvement sera augmentée, il y aura donc amélioration. D'un autre côté, la nouvelle traverse sera moins élevée, puisqu'elle sera moins alimentée; tandis que la hauteur de l'eau sera augmentée par les retenues occasionnées par la digue et les épis; cette traverse sera donc plus facile à franchir.

Les épis de rétrécissement, exécutés déjà dans plusieurs rivières pour en fixer et approfondir le lit, ont trouvé de nombreux partisans parmi les ingénieurs, mais leur utilité et leur effet ont aussi été contestés. On a dit qu'à la suite de chaque resserrement il y aura affouillement latéral, sans approfondissement sensible du lit, parce que la vitesse acquise à la suite de l'étranglement sera dépensée contre les berges, et non contre le fond, souvent trop résistant pour être approfondi.

Je ne pense pas que ces objections soient applicables à l'espèce, car le chenal étant de 1000 mètres de largeur, tandis qu'il n'est que de 5 à 600 mètres à Villequier et au-dessus, chaque resserrement ne produira pas en aval une augmentation de vitesse capable de corroder les rives, au moins sur une grande largeur ; le fond est d'ailleurs reconnu assez mobile pour ne pouvoir résister à un courant constant, quand bien même la vitesse serait peu augmentée ; ainsi, il pourra bien se former entre chaque épi une courbe de corrosion, produite par les courans ascendant et descendant, mais la flèche n'en sera jamais très-grande.

Formation d'un Chenal en aval. — Toutes les fois que le courant descendant se dirige de la pointe de Quillebeuf vers l'amont de celle de Tancarville, il se réfléchit sur le flanc *Est* de cette pointe, et se reporte vers la Roque ; le chenal s'établit alors sur la rive gauche, passe derrière le banc de St-Sauveur et devant le port de Honfleur. Si donc au moyen des épis, on donne au chenal une forme telle, que le courant soit obligé de se diriger contre le cap de Tancarville, il se réfléchira contre ce cap, suivra une direction parallèle à la digue de rétrécissement, et passera encore devant Honfleur. De Honfleur on peut ensuite se diriger vers le Canal des Neiges sans rencontrer de hauts-fonds ; on est même souvent obligé de suivre cette direction pour aborder le port du Havre, afin d'éviter les bancs d'Amfar et du Ratier.

Après la mer étale, les eaux baisseront plus vite en aval de la digue, où l'écoulement à la mer est sans obstacles, qu'en amont où elles n'auront qu'un débouché limité; il y aura donc une différence de niveau entre le bassin supérieur et le bassin inférieur; il y aura chasse, et par conséquent le chenal se creusera en aval du rétrécissement. Si le chenal était en ligne droite, on pourrait craindre que les eaux, sortant du goulet avec une grande vitesse, ne se divisassent, pour s'ouvrir plusieurs lits, qui seraient d'autant plus sinueux que la vitesse serait plus considérable, mais le chenal étant courbe en amont du goulet, les eaux se réfléchiront sur la rive concave, et suivront la direction que nous avons indiquée ci-dessus.

On croit donc pouvoir conclure que les dispositions proposées, pour fixer et approfondir le lit en amont de Tancarville, contribueront aussi à fixer et à approfondir le chenal en aval de Tancarville.

Plus de courans de Villequier à Tancarville; — Plus de bancs variables. — En formant un bassin au-dessus de Tancarville, analogue à celui qui existe maintenant au-dessus de la traverse, on n'aura plus à redouter ces courans rapides et variables, qui se formaient entre les bancs, et même sur les bancs; le courant principal ayant une direction constante, les bancs se fixeront sur les rives à droite et à gauche, les manœuvres pour éviter les échouages, seront donc aussi faciles entre Tancarville et Villequier, qu'elles le sont aujourd'hui entre Villequier et la Mailleraye.

Effets de la Barre après l'exécution des travaux. — La barre commencera sans doute comme aujourd'hui, à faire ressentir ses effets entre Berville et la pointe du Hode, puis elle viendra choquer violemment la digue de la Roque, et la pointe de Tancarville, pour se précipiter dans le goulet; mais son effet, déjà amorti par les enrochemens de la digue, s'amortira encore au goulet, par la chute qu'elle sera obligée de racheter; en supposant cependant qu'elle s'élève, en passant dans le premier goulet, elle s'amortira davantage au deuxième rétrécissement et aux suivans, et arrivera au port de Quillebeuf en s'étendant régulièrement dans le nouveau chenal, sans produire les effets violens qu'on redoute aujourd'hui.

Terrains conquis ; — salubrité acquise. — Les dispositions proposées, feraient conquérir sur le lit actuel de la Seine, des terrains précieux entre Quillebeuf et la digue, et sur la rive droite en avant des marais de Radicatel et d'Estelan ; l'établissement d'un régime régulier en amont de Tancarville, et d'un courant principal en aval, fixeraient désormais les rives alternativement dégradées et atterries, on pourrait alors exécuter avec plus de sécurité des ouvrages de défense, qui jusqu'à présent étaient enlevés avant d'être achevés; ainsi par exemple, on pourrait fixer les alluvions entre Tancarville et la pointe du Hode, au moyen d'épis d'atterrissemens en clayonnages, semblables à ceux qu'on propose d'établir au-dessus de Tancarville; ces atterrissemens augmenteront d'ailleurs naturellement d'après la nouvelle direction donnée au chenal.

Ces dispositions faciliteraient encore le dessèchement des marais qui forment les rives de la Seine, depuis Tancarville jusqu'à Villequier, et les marais Vernier profiteraient des moyens d'écoulement, qui seraient pratiqués pour les terrains conquis en avant de ces marais ; on pourrait enfin étudier sur des bases certaines, et exécuter avec plus de confiance, les travaux de dessèchement qui rendraient à l'agriculture de grandes surfaces de terrains incultes, et qui contribueraient à rendre la salubrité à une grande étendue de pays.

Les avantages dont jouit le port du Havre ne peuvent être compromis. — Par sa position à l'embouchure d'une vaste baie, le port du Havre jouit de plusieurs avantages ; son entrée est plus calme, il redoute moins les fortes marées, il garde son plein pendant 1 1/2 à 2 heures. Tous les projets qui pourraient compromettre ces avantages doivent être rejetés ; mais on ne doit pas craindre que la digue de la Roque produise aucun effet nuisible au port du Havre, car sa position et sa hauteur permettront à la mer de s'introduire dans la baie et dans le lit de la Seine, comme elle le fait aujourd'hui, et le régime des eaux dans cette baie, et dans les ports riverains, ne sera dérangé en aucune manière.

Améliorations produites. — Dans l'état actuel des choses, un bâtiment qui remonte la Seine n'est hors de danger que lorsqu'il a atteint Villequier; il faut pour cela qu'il parcoure 51,000 mètres, et c'est surtout entre Tancarville et Villequier que les chances d'accidens sont plus nombreuses. Au moyen du Canal des Neiges et de la digue de rétrécissement, le même bâtiment n'aura plus que 25,000^{m} à parcourir en Seine, pour atteindre le point où il sera en sûreté; et c'est la partie de la rivière la plus périlleuse qui sera transformée en un bassin dans lequel les navires trouveront toute sûreté. Cette grande amélioration, avantageuse pour les bâtimens à vapeur, si nécessaire et si désirée pour les bâtimens à la voile, satisfera à la fois les vœux et les intérêts des ports du Havre et de Rouen.

3° Coupure d'Yainville.

La Seine entre Villequier et Rouen présente des

sinuosités multipliées qu'il serait à désirer de voir disparaître, au moins en partie, pour abréger la longueur de la navigation ; à l'inspection du plan général, on voit que parmi les coupures que l'on pourrait projeter, il en est deux qui auraient l'avantage d'éviter des détours très-longs, en joignant des points rapprochés ; l'une tendrait d'Iville à St-Pierre de Manneville, l'autre d'Yainville à St-Paul. Pour exécuter la première, il faudrait percer une montagne, dont le sommet est à 71 mètres au-dessus des basses-eaux : Il est donc sage d'y renoncer. Quant à la seconde, lorsqu'on examine avec attention la configuration du terrain, entre Yainville et St-Paul, il semble que la nature l'ait disposé de la manière la plus convenable pour y établir un canal. Une forte dépression du terrain forme une vallée, précisément dans la direction qui joint les deux points les plus rapprochés de la partie de la Seine, qui contourne l'isthme de Jumiéges ; cette vallée est assez large pour recevoir, à côté de la route départementale n° 4, un canal d'une largeur suffisante pour le passage de deux bâtimens à la fois, de 200 tonneaux chacun. Cette deuxième coupure qui serait toute à ciel ouvert, serait d'une exécution facile et peu coûteuse; aussi en avons-nous présenté le projet en 1824, lorsque nous avons rendu compte des opérations que nous avions été chargé de faire de la Bouille à Villequier.

Nous proposions de donner au Canal 10 mètres de largeur dans le fond, et 30 mètres de largeur à la hauteur des chemins de halage; le fond du Canal devait être placé à 3 mètres au-dessous des basses-eaux, et les chemins de halage à 8 mètres au-dessus du fond, ce qui les mettait à $0^{m},45$ au-dessus des eaux de 1740 : ces chemins devaient avoir 6 mètres de largeur. Toutes ces dispositions peuvent être maintenues; on pourrait, peut-être, relever le fond de $0^{m},50$, parce qu'il est très-rare que les eaux atteignent l'étiage; dans tous les cas, il conviendrait de revêtir les talus en clayonnages à plat, pour éviter les érosions des rives, par la barre et par les courans d'èbe et de flot.

D'après ce projet, la coupure d'Yainville aurait

3500 mètres de longueur, et remplacerait un contour de 18,000 mètres; il y aurait donc 14,500 mètres de moins à parcourir, ce qui forme le huitième de la longueur totale, comprise entre le Havre et Rouen. Mais dans bien des circonstances, les navires gagneraient plus d'un huitième sur le temps de leur marche, parce qu'ils profiteraient encore du flot dans la partie supérieure de la Seine, où le flot les abandonne aujourd'hui.

Le contour que l'on éviterait en suivant la coupure, présente deux directions en sens contraire, ainsi les vents favorables pour franchir l'une, sont contraires pour suivre l'autre, ce qui occasionne souvent, aux bâtimens à la voile, un retard de plusieurs jours.

Enfin, il y aurait, en suivant la coupure, une grande économie sur la longueur du halage, puisque l'on éviterait 14,500 mètres de rives, qui sont maintenant les plus dangereuses à parcourir, et sur lesquelles l'établissement d'un chemin de halage régulier coûterait au moins 300,000 f.

Tels sont les principaux avantages que procurerait à la navigation la coupure d'Yainville; cette amélioration a été appréciée, car elle fait partie de tous les projets présentés, et l'on trouve même, dans la vallée d'Yainville, les traces d'un commencement d'exécution d'un canal, qu'on suppose avoir été projeté par *Vauban*.

CHAPITRE V.

POSÉES, PILOTAGE, BALISAGE, ÉCLAIRAGE DE LA BASSE SEINE.

1°. Posées.

On appelle posées les endroits où les navires peuvent relâcher sans danger, lorsqu'ils sont arrêtés par les courans, par les vents ou par toute autre cause, elles ne sont pas toutes également bonnes ; ou l'échouage n'est pas commode, ou bien on peut y craindre encore les effets de la barre et des courans ; c'est pour cela qu'on les distingue en posées ordinaires, et posées de nécessité. Elles sont presque toutes susceptibles d'amélioration.

En partant de Villequier, la première posée est celle de la Vacquerie, qui est bonne ; on trouve ensuite celles d'Aizier et du Vieux-Port, qui ne sont que de nécessité ; l'endroit dit *la Corvette* offre un bon mouillage.

La posée de Quillebeuf est la plus remarquable et la plus importante, on y voit souvent plus de 100 bâtimens qui attendent un vent favorable, ou des marées assez fortes, pour continuer leur route. C'est aussi la posée où le flot est le moins à craindre, parce que la pointe de Quillebeuf détourne la barre, et la dirige sur la rive droite ; enfin c'est sur ce point que l'on a réuni tous les moyens de sauvetage, comme étant, en quelque sorte, le centre des dangers.

En quittant Quillebeuf, le chenal est très-variable, il se dirige tantôt sur la rive droite, tantôt sur la rive gauche, quelquefois au centre de la baie : il y a des posées sur l'une et l'autre rive.

La posée de Tancarville, la première de la rive droite, n'est pas toujours commode à cause des courans ; les suivantes sont : St-Jacques, la vieille posée, la carrière, Rogerville et le petit port du Hoc.

Sur la rive gauche, les bâtimens peuvent poser à la Canardière, située à l'embouchure de la

Rille, à Berville et à Grestain. La Canardière est souvent inabordable à cause des bancs : à Berville l'échouage est commode, le fond est bon, et les ancres y ont une bonne tenue ; à Grestain l'on doit craindre les courans.

La sûreté et les inconvéniens des posées varient avec le lit de la rivière, mais on peut les améliorer en y plaçant des pieux d'amarre en nombre suffisant, et en déblayant les pierres dont quelques unes sont encombrées, une partie de ces améliorations, que j'indiquais en 1824, ont été exécutées.

2° Pilotage.

On a toujours attaché trop peu d'importance au choix d'un pilote ; un homme qui tient entre ses mains la fortune d'un armateur et la vie d'un équipage, doit présenter une grande responsabilité. Un bon pilote doit être prudent, expérimenté, et surtout avoir une connaissance exacte des localités. Le plus souvent les pilotes n'ont pas les connaissances nécessaires, pour bien faire manœuvrer un bâtiment, surtout dans les cas difficiles qui se présentent sur la Seine; d'autres se livrent à l'intempérance, quelquefois provoquée par la générosité des capitaines.

Sans doute les fonctions de pilote sont difficiles et dangereuses, mais les bénéfices sont assez considérables pour que l'on puisse faire un choix convenable. Une grande concurrence entre les candidats serait un moyen sûr d'obtenir de bons choix; il faudrait surtout abolir entièrement ces usages de localité qui restreignent la concurrence; ainsi, il y a quelques années encore, il fallait être né à Quillebeuf ou à Villequier pour être reçu pilote dans un de ces ports; et bien que l'on ait fait quelques efforts pour abolir ce monopole, les marins étrangers ne se présentent pas sans crainte, pour être admis parmi les pilotes de Quillebeuf et de Villequier.

Les pilotes de Quillebeuf doivent être continuellement sur mer, en morte-eau, pour reconnaître les passages et les changemens des bancs par des sondages multipliés; ils devraient rendre compte souvent de ces opérations à l'officier, chef du pilotage, qui dirigerait le balisage d'après ces renseignemens.

En 1824, il n'y avait à Quillebeuf que 99 pilotes; on en compte aujourd'hui 136, y compris 26 aspirans ; ce nombre est encore quelquefois insuffisant : lorsque des bâtimens sont forcés d'attendre qu'un pilote soit disponible, ils manquent le moment favorable pour faire une bonne navigation, ces retards peuvent occasionner des pertes considérables au commerce, et ne devraient jamais être causés par le manque de pilotes.

Il y a donc encore beaucoup à faire pour améliorer la navigation sous le rapport du pilotage, et on pourrait de suite faire jouir le commerce des avantages qui résulteraient de l'augmentation du nombre des pilotes, mais surtout d'un choix juste et sévère parmi les candidats, de la révision des réglemens, et de leur rigoureuse exécution.

3° Balisage.

Les balises sont des repères visibles que l'on place sur tous les écueils, tels que les bancs, les rochers, les navires perdus; toutes les grandes rivières qui ont leur embouchure à la mer sont balisées. Le balisage est une des opérations les plus indispensables à la navigation.

Le service actuel du Balisage dans la basse Seine laisse beaucoup à désirer. Le personnel est trop faible; le balisage n'est pas changé assez souvent pour être exact; les bouées ne sont ni assez apparentes ni assez multipliées; rien ne distingue les balises de la rive droite de celles de la rive gauche; en sorte qu'un bâtiment peut s'échouer sur un banc, en laissant à sa droite une balise qu'il devrait avoir à sa gauche.

Les pilotes devraient diriger eux-mêmes le balisage, d'après les reconnaissances et les sondages des passes.

Les passes devraient être indiquées par des bouées très-apparentes et assez rapprochées pour qu'en en quittant une, on aperçût facilement la suivante.

Ces bouées pourraient être des cônes tronqués, en sapin, fixés par une chaîne à une ancre qu'on relèverait facilement lorsqu'on devrait changer la bouée de place. Ces cônes seraient surmontés d'une pyramide en osier, recouverte en toile peinte ou goudronnée, et terminée par un pavillon.

Les pyramides et les pavillons des bouées de la rive droite seraient peints en rouge, et ceux de la rive gauche seraient peints en noir; de cette manière, on éviterait les accidens causés par des erreurs.

Les préposés aux balisages devraient être en nombre suffisant pour pouvoir toujours faire varier le balisage en même temps que les passes.

Enfin il devrait y avoir des bouées et des balises disponibles, pour remplacer celles que le vent ou les bâtimens auraient avariées.

4° Eclairage de la Basse-Seine.

Depuis long-temps l'éclairage de la basse Seine est sollicité par le commerce, afin de pouvoir naviguer avec sûreté, lorsque les marées sont de nuit (1). Des expérience sont eu lieu pour reconnaître les points où il faudrait établir des feux, et quelles espèces de feux il conviendrait d'établir ; d'après ces expériences, j'ai proposé d'installer les feux suivans :

1° A Caudebéquet, un réverbère à 3 becs ;

2° Au Fourneau, un réverbère à 4 becs ;

3° A l'extrémité de la forêt de Bretonne, vers Caudebec, un réverbère à 4 becs ;

4° A la posée de la Vacquerie, un réverbère à 4 becs ;

5° A Aizier, un appareil sidéral de Bordier Marcet ;

6° A Courval, sur la rive gauche, un réverbère à 4 becs ;

7° Au Gros Heur, un réverbère à 4 réflecteurs ;

8° Sur la rive droite vis-à-vis de Lillebonne, un appareil sidéral de Bordier Marcet ;

9° A la pointe de la Roque, un appareil sidéral de Bordier Marcet ;

---

(1) M. Legrand, capitaine de port à Rouen, a le premier appelé l'attention de l'administration, sur l'éclairage de la basse Seine.

10° A la pointe de Tancarville, un appareil de Bordier Marcet ;

11° A la posée de Berville, un appareil sidéral de Bordier Marcet ;

12° Au bout du Hode, un appareil sidéral de Bordier Marcet ;

13° A la pointe du Hoc, un appareil sidéral de Bordier Marcet.

Ce dernier a été installé de suite comme feu d'épreuve, et son utilité est reconnue chaque jour davantage.

M. le Directeur Général a ordonné que les projets détaillés des autres feux lui fussent présentés, et l'on peut espérer que bientôt cette amélioration de la navigation sera exécutée.

CHAPITRE VI.

CHEMINS DE HALAGE, ÉROSION DES RIVES.

1°. Chemins de Halage.

De Rouen à la Bouille les chemins de halage sont régulièrement établis et entretenus, et le halage se fait facilement.

De la Bouille à la Fontaine, le halage se fait sur la rive gauche; jusqu'au Val de Leu, le chemin de halage est assez bon, ensuite on rencontre plusieurs lacunes. Dans les prairies d'Ambourville, il est moins dangereux, depuis que l'on a établi des ponts sur les ruisseaux qui se jetent dans la Seine; mais en hiver, les chevaux ne peuvent traverser ces prairies, et le halage est souvent interrompu.

De la Fontaine à Duclair le halage se fait sur

la rive droite ; il présente aussi beaucoup de difficultés dans quelques parties.

De Duclair au passage de la Roche, le halage se continue sur la rive droite, mais il est souvent impraticable ; il y a quelques endroits où les chevaux sont obligés de monter sur les murs de soutenement, par des escaliers en pierres rapides et étroits ; dans beaucoup d'autres, les bords de la Seine sont couverts de saules, et à peine reste-t-il la place pour le passage d'un cheval.

Du passage de la Roche à La Mailleraye, le halage se fait sur la rive gauche ; il est impraticable, et même dangereux, sur beaueoup de points.

On peut dire que depuis le Val de Leu jusqu'à La Mailleraye, il n'y a pas de chemin de halage ; le halage se fait à travers les prairies, les vergers, les plantations, sur la crête des murs de soutenement, dans le fond des anses ; les hommes et les chevaux y courent de grands dangers.

De La Mailleraye à Villequier, et de Villequier à Quillebeuf, il n'y a pas de halage ;

mais il serait utile de l'établir, afin que la navigation ne fût jamais interrompue, quelle que soit la direction des vents.

Le mauvais état des chemins de halage n'est pas la seule difficulté que l'on rencontre ; ils sont tous submergés dans les hautes-eaux ; ils sont souvent interceptés par des anses ou par des fossés qu'il faut contourner ; enfin lorsque le halage change de rive, les deux points de solution ne se correspondent pas.

Toutes les difficultés que l'on éprouve par ces diverses causes rendent les haleurs très-exigeans pour les prix, qui ne sont fixés par aucun tarif, et dont les capitaines traitent de gré à gré. Les navigateurs sont donc à la merci des haleurs, dont l'exigence est d'ailleurs motivée par la peine qu'ils éprouvent, et les dangers qu'ils courent.

On doit considérer les chemins de halage comme étant à faire à neuf de la Bouille à Quillebeuf ; mais la partie la plus essentielle est de la Bouille à La Mailleraye, parce que c'est le plus souvent dans ces parages que l'on trouve le vent contraire pour remonter la Seine. Il faudrait établir les chemins de halage au niveau des plus hautes eaux ordinaires, et construire des ponts sur tous les affluens, et sur les ruisseaux réservés pour l'égoût des prairies.

Le halage pourrait avoir lieu sur les mêmes rives où il se fait aujourd'hui, parce qu'il y est plus commode, le chenal étant plus rapproché de ces rives que des rives opposées ; mais il faudrait qu'il n'y eût pas d'intervalle entre le point où il cesserait sur une rive, et celui où il commencerait sur l'autre ; on établirait un relais à chacun de ces points, afin que l'on ne fût pas obligé de faire traverser la rivière aux chevaux.

Les chemins de halage étant en bon état et au-dessus des inondations, il en résulterait deux grands avantages pour la navigation ; les navires pourraient remonter et descendre la Seine par tous les vents, et le prix du halage serait beaucoup moins élevé, puisqu'il se ferait partout avec sûreté et célérité.

2°. Érosion des Rives.

On rencontre sur les deux bords de la Seine des anses formées par l'érosion des rives, que les riverains et les marins appellent *trous*. Ces trous ont ordinairement pour cause la réflexion du courant, d'une rive qui lui oppose de la résistance, sur l'autre rive dont le terrain est facile à dégrader ; il suffit quelquefois qu'une rive soit légèrement entamée par le courant, pour que le flot y occasionne chaque jour des dégradations plus considérables. C'est fort improprement que ces anses se nomment *trous*, car elles ont ordinairement une grande surface et peu de profondeur.

Les trous sont un obstacle pour la navigation, en ce qu'ils interceptent le halage ; il arrive quelquefois que les chevaux sont entraînés, lorsque en contournant ces anses, on n'a pas la précaution de filer à temps l'amarre ; souvent aussi les trous sont dangereux pour les navires, c'est lorsque leurs contours, au lieu d'être brusques, se raccordent de loin avec les rives, comme les trous de Bédanne, de Fontaine, de St-Paul, etc. parce qu'alors les bâtimens, sans pilotes, qui ne connaissent pas bien la ligne de passe, croyent toujours être dans le chenal, en se tenant à une même distance de la rive, et ils vont s'échouer dans le trou sur nu haut-fond.

Jusqu'à présent les propriétaires des terrains envahis, ont fait de vains efforts pour les recouvrer; ils ont ajouté à la perte de ces terrains, celle des sommes dépensées en travaux mal projetés et mal exécutés. C'est d'ailleurs unemauvaise spéculation pour un propriétaire que d'entreprendre ces travaux, car, lorsqu'il réussit, le résultat obtenu est loin de compenser les dépenses, et le succès est toujours douteux, comme l'attestent les débris de palissades et de maçonneries que l'on aperçoit dans chaque trou, et qui proviennent de la destruction des ouvrages exécutés.

L'amélioration de la navigation exigerait que l'on comblât tous les trous, ou au moins ceux qui se trouvent du côté où le halage serait établi.

Le moyen qui paraît le moins incertain, serait de battre une file de palplanches qui raccorderait le pied des deux rives que l'on voudrait réunir, et d'appuyer contre ces palplanches le pied d'un talus clayonné à plat, avec paille longue et fascines, retenues par des piquets et par des gaulettes entrelacées. Ce moyen serait peu dispendieux, et l'on a tout lieu de croire qu'il réussirait, puisqu'il est employé avec succès pour garantir le rivage de la plaine de l'Heure, battue par une mer souvent très houleuse.

CHAPITRE VII.

ESTIMATION DES TRAVAUX PROPOSÉS.

Les travaux proposés pour améliorer la navigation de la basse Seine sont :

1°. Canal et Dock des Neiges ;

2°. Digue de rétrécissement entre la Roque et Tancarville ;

3°. Môle et Phare à l'extrémité de la Digue ;

4°. Épis de rétrécissement et d'atterrissement, en amont de Tancarville ;

5°. Estacades servant de défense aux musoirs des Épis, et de refuge pour les bâtimens ;

6°. Coupure d'Yainville ;

7°. Chemins de halage ;

8°. Posées, balisage, éclairage de la basse Seine ;

1°. Canal et Dock des Neiges.

D'après les estimations détaillées de tous les ouvrages relatifs au Canal des Neiges, il devra coûter 2,500,000 f.; mais cette somme ne doit figurer ici que pour mémoire, puisque ce canal fera l'objet d'une entreprise particulière, et que ses produits pourront subvenir à sa dépense.

1°. Digue de Rétrécissement.

La Digue ayant 7 mètres de hauteur, 5 mètres de largeur au sommet, et 25 mètres de largeur à la base, la surface de son profil sera de 105 mètres carrés. Il entrerait donc 105 mètres cubes d'enrochement par mètre courant, si la digue avait partout le maximum de hauteur de 7 mètres, ce qui n'aura pas lieu, car le fond solide doit se relever, en s'approchant de la pointe de la Roque. Nous supposerons donc qu'il entrera 100 mètres cubes par mètre courant, et pour 3000 mètres de longueur, 300,000 mètres cubes, lesquels à 10 f. le mètre cube font... F. 3,000,000

3°. Môle et Phare.

On estime que le môle et le phare pourront coûter........................F. 100,000

4°. Epis de Rétrécissement et d'Atterrissement.

La longueur totale des épis à construire est de 15,000 mètres ; d'après les expériences faites pour des constructions analogues sur le rivage de l'Heure, chaque mètre courant peut être estimé 140 f., et pour 15,000 mètres....F. 2,100,000

5°. Estacades.

Il y aurait dix estacades à construire, chacune pourrait coûter 40,000 f., et pour dix..F. 400,000

6°. Coupure d'Sainville.

La surface du profil du Canal étant de 240 mètres, et sa longueur de 3500 mètres, le cube des déblais sera de..........mètres 840,000

lesquels à 1 f. font..........F.	840,000
60,000 mètres carrés de clayonnages à 2 f. 50 le mètre carré........	150,000
10,000 mètres carrés à 8 f........	80,000
Deux ponts tournans............	180,000
Indemnités de terrains...........	70,000
TOTAL........F.	1,320,000

7°. Chemins de Halage.

La longueur totale des chemins de halage à construire, depuis Rouen jusqu'à Villequier, serait de....................mètres 55,200

Mais il suffirait d'abord de les établir jusqu'à La Mailleraye, ce qui ferait une diminution de...	10,300ᵐ	28,300ᵐ
Il faut encore retrancher les 18,000ᵐ formant le contour de l'ithsme de Jumiéges, remplacé par la coupure; ci.	18,000ᵐ	
Reste à exécuter....		26,900ᵐ

26,900 mètres courans de chemin de halage à 12 f. le mètre courant..F.	322,800

Report....F.	322,800
Ponts et aqueducs..............	80,000
Remblais des trous, perrés et talus clayonnés....................	77,200
TOTAL........F.	480,000

8°. Posées, Balisage, Eclairage.

On peut estimer ces travaux d'amélioration à...................F.	100,000

Récapitulation.

Canal et Dock des Neiges.....F.	2,500,000
Digue de Rétrécissement.......	3,000,000
Môle et Phare................	100,000
Épis.........................	2,100,000
Estacades....................	400,000
Coupure d'Yainville	1,320,000
Chemins de halage	480,000
Posées, balisage et éclairage....	100,000
TOTAL général.... F.	10,000,000

CHAPITRE VIII.

MOYENS DE POURVOIR A LA DÉPENSE.

La dépense totale est évaluée à . F.	10,000,000
Il faut en déduire le Canal des Neiges..........................	2,500,000
Reste..........F.	7,500,000
Il faut encore en déduire la valeur des terrains conquis sur la Seine, après l'exécution des clayonnages. Leur surface est de 15,000 hectares. Lorsque ces terrains seront en nature d'herbages, ils vaudront de 3 à 4,000 f. l'hectare ; nous ne les estimerons qu'à 1000 f. l'hectare, ce qui ferait une somme de..........................	1,500,000
Reste à pourvoir à une dépense de. . F.	6,000,000

Parmi les nombreux avantages que les travaux proposés procureront au commerce, quelques uns seulement peuvent être évalués numériquement, mais il en est d'autres que le temps et l'expérience pourront seuls faire apprécier. Ainsi l'on peut estimer approximativement les bénéfices sur la durée de chaque voyage, sur les frais de halage et sur les assurances; mais il serait plus difficile d'assigner une valeur aux avantages résultant d'un arrivage plus prompt et à époque fixe; cependant il n'est pas un armateur qui ne voulut acheter par un sacrifice quelconque, la célérité et la certitude dans les arrivages.

En mettant de coté les avantages que doit procurer le Canal des Neiges, qui fera l'objet d'une spéculation à part, on peut considérer que la coupure d'Yainville diminuera la longueur de la navigation, entre le Havre et Rouen, de 14500 mètres; mais la fixité du chenal de Villequier à la Roque, et même en-dessous de ce point, accourcira encore la ligne parcourue, car on est souvent obligé maintenant de faire de grands détours pour suivre le Thaalweg; on peut donc porter la diminution de longueur à 18,000^{m}, ce qui est 1/7e de la distance totale. Un bâtiment à vapeur fait moyennement le voyage du Havre à Rouen en 12 heures, ainsi il mettra 1^{h} 43′, de moins à faire le voyage, supposons 1^{h} 1/2. La consommation des bateaux à vapeur dépend de leur force et de la disposition des machines, mais on peut supposer qu'ils sont moyennement de la force de 100 chevaux, et qu'ils consomment par heure 4 hectolitres de charbon à 4^{f} 50, ce qui fait 18^{f} 00, on aura pour 1^{h} 1/2 27^{f} 00.

Les chalands, remorqués par les bateaux à vapeur, n'éprouveront d'autres avantages numériques que la diminution des chances de danger.

Les chalands, halés depuis la Mailleraye jusqu'à Rouen, coûteront moins de halage.

Enfin les bâtimens à la voile auront aussi des moindres frais de halage, gagneront un temps précieux, et courront moins de dangers.

Dans l'état actuel des choses, le halage coûte moyennement 1^{f} 50 par lieue et par cheval, un cheval ne tire pas plus de 40 tonneaux. Le halage d'un tonneau revient donc à 0^{f},037 par lieue, et pour 16 lieues de la Mailleraye à Rouen 0f,58c.

Après l'exécution des travaux, un cheval payé 4f 50 par jour, fera 30,000 mètres (7 lieues 1/2), et halera 60 tonneaux, ce qui fait 0,01 par lieue et par tonneau, et pour 12 lieues 1/2 de la Mailleraye à Rouen, en passant par la coupure, le halage coûtera par tonneau 0,125. — Bénéfice par tonneau 0,455.

Un bâtiment de 100 tonneaux coute à établir 25,000f : l'intérêt de cette somme et le dépérissement peuvent être estimés par an, au dixième ci........................F. 2,500

L'équipage se compose d'un capitaine à	1,200
de 2 matelots à 500f	1,000
d'un mousse.....	100
Total de la dépense annuelle.........F.	4,800

Cette somme, répartie sur 12 voyages que fait maintenant ce navire, donnera pour la remonte et la descente....................F. 400

Supposant que le bâtiment remonte à pleine charge, et ne descende qu'à moitié charge, les frais de bateau et d'équipage seront, par tonneau, de.... 2 f. 66

Lorsque les travaux seront exécutés, il pourra faire au moins 16 voyages, et les mêmes frais par tonneau seront réduits à.......................F. 2, 00 c.

Bénéfice par tonneau F. 0, 66

Nous réduirons ce bénéfice à..F. 0, 60

La diminution des chances de perte fera baisser le prix des assurances, ainsi au lieu de 1/4 p. 0/0, que l'on paye pour les bateaux à vapeur et les chalans, et de 1/2 p. 0/0 pour les bâtimens à la voile; les premiers pourront ne payer que 1/8 pour 0/0 et les seconds 1/4.

Dans l'état actuel des choses, il se perd, année commune, dans la basse Seine, deux bâtimens de 100 tonneaux; cette perte peut être évaluée à...........................F. 150,000
Après l'exécution des travaux cette perte pourra se trouver réduite à..F. 50,000

Bénéfice...F. 100,000

Récapitulation des Bénéfices.

Il monte en Seine au moins 500 bateaux à vapeur par an, ce qui fait 1000 voyages pour aller et retour; les bénéfices par voyage étant évalués à 27 f. 00; ci pour 1000... F. 27,000

Il monte par la Seine 240,000 tx. que nous réduirons à 200,000, et nous supposerons que 100,000 tonneaux descendent.

Sur les 200,000 tonneaux, 100,000 environ seront transportés par chalans et 100,000 par navires à la voile; appliquant donc le bénéfice de 0, 45^c, du halage, à 200,000 tonn. on aura, 90,000
et à 100,000 tonn. pour la descente 45,000

Le bénéfice de 0,60 c. de frais de

à reporter......F. 162,000

	Report......F. 162,000
bateau et d'équipage appliqué à 150,000 tonneaux pour la remonte et la descente produira.............	90,000
Supposant que sur les 300,000 t^{x}. de la remonte et de la descente, 100,000 tonneaux seulement soient assurés, savoir : 50,000 à 1/4 pour 0/0, et 50,000 à 1/2 p. 0/0, le prix moyen du tonneau étant évalué à 700 f., ces deux assurances réunies coûteront f. 262,500, dont la moitié sera économisée par les travaux.......	130,000
La diminution dans les pertes de navires sera au profit des assureurs ; elle ne doit pas être portée en compte, parce qu'elle ferait double emploi avec les bénéfices sur les assurances.	
Total......F.	382,000

Ainsi en dépensant f. 6,000,000, on obtiendra pour la navigation des avantages qui peuvent être évalués numériquement à un bénéfice annuel de.......................... F. 380,000

et par conséquent à un capital de . F. 7,600,000

Les 380,000 f. répartis sur les 300,000 tonneaux de la remonte et de la descente donneraient un prix moyen par tonneau de...... 1 f. 26

Ici se présente une question délicate. L'État concédera-t-il l'exécution des travaux à une compagnie, en l'autorisant à percevoir un péage sur la navigation de la basse Seine?

Ou fera-t-il exécuter à ses frais tous les travaux?

Enfin fera-t-il exécuter aux frais du trésor une partie des travaux, en concédant le surplus à une compagnie avec autorisation de percevoir un péage?

Lorsque l'on établit une nouvelle voie navigable, pour en remplacer une qui est imparfaite, on peut imposer à ceux qui suivront cette nouvelle voie tous les droits qui doivent indemniser les concessionnaires de leurs avances, parce que si les avantages offerts ne sont pas en rapport avec les charges nouvelles, on sera libre de suivre l'ancienne voie; mais ce n'est pas le cas dont il s'agit; la Seine est une voie naturelle, le sobre et laborieux breton hale lui-même son chasse-marée, et le riche armateur fait remorquer ou haler son navire; en établissant un droit de navigation, vous imposez au premier une dépense qu'il ne peut éviter en augmentant son travail et ses privations, tandis qu'au contraire le second, en faisant cette dépense, économisera beaucoup sur ses premiers frais; est-il donc juste de prendre une mesure générale qui favorisera les uns, et sera préjudiciable aux autres?

Les charges de l'État ne permettraient sans doute pas de faire une dépense de 6,000,000 sans en retirer aucun intérêt direct; tandis que cette dépense procurerait au commerce de grands avantages numériques, et contribuerait à augmenter sa prospérité; cette considération fait penser que le gouvernement ne consentirait pas à concourir seul à la dépense des travaux.

Il est peut-être un terme moyen qui concilierait tous les intérêts. L'État pourvoit aux frais de navigation sur les rivières, il établit et entretient les chemins de halage, il construit des écluses, fait des draguages, et tout ce qui tend à faciliter la navigation ; mais l'Administration perçoit un droit destiné à l'amortissement et au paiement des intérêts des capitaux employés à la construction des travaux. Il arrive souvent que le droit perçu est loin de couvrir les intérêts des sommes dépensées ; ce serait le cas dont il s'agit, car si l'on voulait percevoir les intérêts de 6,000,000f il faudrait créer un produit de 300,000 f., ce qui ferait 1 f. par tonneau, et d'après ce qui vient d'être dit, ce taux serait trop élevé ; mais en réduisant le droit de navigation à 0,50 c. par tonneau, les avantages offerts aux navigateurs dépasseraient de beaucoup les sacrifices nouveaux qu'on exigerait d'eux, et il y aurait justice pour tous.

Dans tous les cas, il conviendrait de charger une Compagnie de toutes les dépenses prévues et imprévues pour mettre à perfection les travaux ordonnés pour améliorer la navigation de la basse Seine, en lui concédant à perpétuité le droit de navigation qui serait établi sur cette partie de la rivière ; en lui abandonnant les terrains conquis par le fait de ces travaux ; et en lui accordant une somme à forfait qui serait égale à la différence entre les produits présumés et l'intérêt des capitaux à débourser. Cette concession se ferait avec publicité et concurrence, la prime à payer par le trésor serait évaluée à 3 millions ; mais cette somme, qui servirait de base à l'adjudication, pourrait être réduite par la concurrence ; et dans le cas où la Compagnie, qui aurait fait une première soumission, ne serait pas adjudicataire, il y aurait lieu à lui rembourser le montant des avances qu'elle aurait faites pour l'étude des projets.

En adoptant ce système, le gouvernement serait sûr d'obtenir les améliorations projetées, sans dépasser les prévisions des sommes qu'il voudrait y affecter, puisque toutes les difficultés d'exécution et les éventualités de dépenses seraient à la charge de la Compagnie, qui, de son côté, pourrait employer son industrie à simplifier les moyens d'exécution, à conclure des marchés avantageux avec des entrepreneurs particuliers, et à tirer le meilleur parti possible des terrains conquis. Cette Compagnie aurait aussi en sa faveur la probabilité de l'augmentation des produits, fondée sur la prospérité croissante du port du Havre, dont les relations commerciales avec Paris doivent augmenter.

CHAPITRE IX.

RÉSUMÉ ET CONCLUSION.

Les projets présentés jusqu'à présent pour l'amélioration de la navigation de la basse Seine sont inexécutables, parce que les dépenses ne sont pas en rapport avec les avantages produits.

La navigation de la basse Seine présente des obstacles et des dangers nombreux.

On peut diminuer beaucoup ces obstacles et ces dangers, en exécutant les travaux proposés dont la dépense est évaluée à . . F. 10,000,000 mais dont il faut déduire 2,500,000f pour le Canal des Neiges, qui peut s'exécuter par une Compagnie particulière, et 1,500,000f de terrains conquis; la somme réelle à dépenser serait donc réduite à. . . . . F. 6,000,000

Ces travaux produiraient aux bateaux à vapeur une économie de 27 f. par voyage de remonte ou de descente.

Les économies résultant de l'amélioration du halage, de la réduction de longueur de la ligne à parcourir, de la diminution des chances de dangers, étant réparties sur tous les chargemens montant ou descendant, peuvent être évaluées à 1 f. 26 c. par tonneau.

La célérité et la fixité des arrivages ne peuvent être évaluées numériquement.

La Seine étant une voie navigable naturelle, l'état doit pourvoir à son amélioration dans une certaine proportion, mais il sera fondé à demander que le commerce contribue aux travaux, en y affectant une faible part des bénéfices qu'ils lui procureraient; ainsi on propose : *de charger une Compagnie de toutes les dépenses prévues et imprévues pour mettre à perfection les travaux ordonnés, aux conditions suivantes :*

1° On lui concéderait à perpétuité un droit de navigation de 0,50 c. par tonneau à percevoir sur la navigation ascendante et descendante, et 20 f.

par chaque bateau à vapeur montant ou descendant.

2° On lui abandonnerait les terrains conquis sur le lit de la Seine par le fait des travaux.

3° On lui accorderait une prime pour lui tenir lieu de la différence entre les produits présumés et l'intérêt des capitaux à débourser.

Cette concession se ferait avec publicité et concurrence ; la prime serait évaluée à 3 millions, mais cette somme, qui servirait de base à l'adjudication, pourrait être réduite par la concurrence.

En adoptant ce système, le gouvernement serait certain d'obtenir les améliorations projetées, sans dépasser les prévisions des sommes qu'il faudrait y affecter.

Ces améliorations, jointes à celles proposées par MM. *Coïc* et *Duleau*, permettraient d'établir une Navigation Fluviale, sûre et prompte, entre le Havre, Rouen et Paris ; en divisant cette navigation en deux parties distinctes, *le remorquage et le chalandage*, on a lieu de penser que le fret qui est aujourd'hui de 30 f. du Havre à

Paris, sans transbordement, descendrait à 20 f. et peut-être même au-dessous, ce qui permettrait à la Navigation Fluviale de soutenir la concurrence avec les chemins de fer.

TABLE DES MATIÈRES.

AVANT-PROPOS.

De la page 5 à la page 9.

CHAPITRE Ier.

EXPOSÉ SUCCINCT DES PROJETS PRÉSENTÉS JUSQU'A CE JOUR.

De la page 10 à la page 19.

CHAPITRE II.

ÉTAT ACTUEL DE LA NAVIGATION DANS LA BASSE-SEINE.

De la page 20 à la page 25.

CHAPITRE III.

EXAMEN DES OBSTACLES NATURELS QUE RENCONTRE LA NAVIGATION ACTUELLE.

pages.

Les vents.. 26
Les bancs et les hauts-fonds........................ 28
Les basses-eaux..................................... 33
Les hautes-eaux..................................... 35
Le flot ou la barre................................. 36
Les courans... 43
Les glaces.. 46

CHAPITRE IV.

TRAVAUX PROPOSÉS POUR DIMINUER OU FAIRE DISPARAITRE LES OBSTACLES NATURELS QUE RENCONTRE LA NAVIGATION ACTUELLE.

Canal et Dock des Neiges........................... 47
Digue et épis de rétrécissement..................... 51
Moyens d'exécution de la digue de rétrécissement.... 54
Moyens d'exécution des épis de rétrécissement....... 56
Exhaussement des eaux en amont de la digue.......... 56
Formation d'un chenal, en amont de la digue, plus profond que celui qui existe aujourd'hui.... 58

Formation d'un chenal en aval........................ 61
Plus de courans de Villequier à Tancarville ; plus de bancs variables.................................... 63
Effets de la Barre après l'exécution des travaux........... 63
Terrains conquis ; salubrité acquise................... 64
Les avantages dont jouit le port du Havre ne peuvent être compromis.................................... 65
Améliorations produites.............................. 66
Coupure d'Yainville.................................. 66

CHAPITRE V.

POSÉES, PILOTAGE, BALISAGE, ÉCLAIRAGE DE LA BASSE SEINE.

Posées.. 71
Pilotage.. 73
Balisage.. 75
Éclairage de la basse Seine.......................... 77

CHAPITRE VI.

CHEMINS DE HALAGE, ÉROSION DES RIVES.

Chemins de halage................................... 80
Érosion des rives.................................... 84

CHAPITRE VII.

ESTIMATION DES TRAVAUX PROPOSÉS.

Canal et Dock des Neiges.......................... 88
Digue de rétrécissement.......................... 88
Môle et phare.......................... 89
Épis de rétrécissement et d'atterrissement.......................... 89
Estacades.......................... 89
Coupure d'Yainville.......................... 89
Chemins de halage.......................... 90
Posées, balisage, éclairage.......................... 91

CHAPITRE VIII.

MOYENS DE POURVOIR A LA DÉPENSE.

De la page 92 à la page 103.

CHAPITRE IX.

RÉSUMÉ ET CONCLUSION. 104

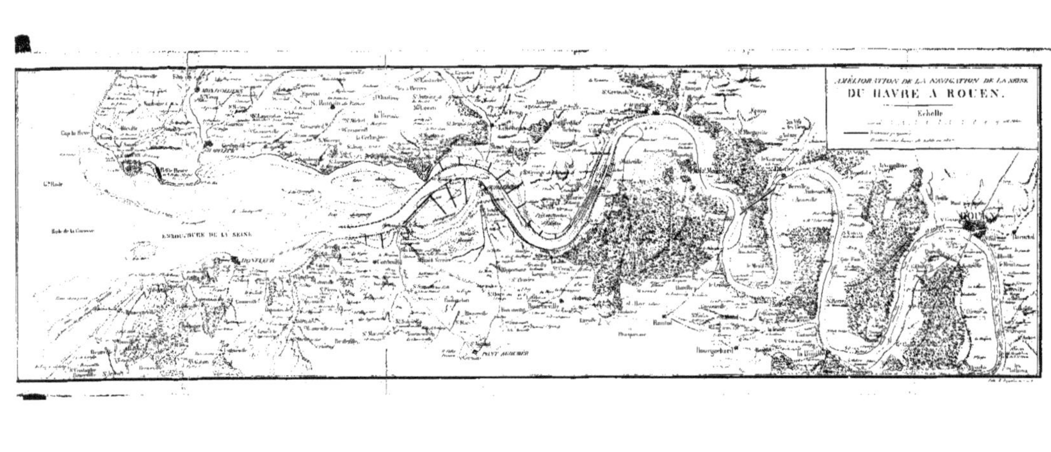
AMÉLIORATION DE LA NAVIGATION DE LA SEINE
DU HAVRE A ROUEN.
Echelle
Cap la Hève
EMBOUCHURE DE LA SEINE
HONFLEUR
PONT AUDEMER
ROUEN

Havre. — Imprimé chez Alph. Lemale.

www.ingramcontent.com/pod-product-compliance
Ingram Content Group UK Ltd.
Pitfield, Milton Keynes, MK11 3LW, UK
UKHW012049240726
13965UKWH00003B/1146

9 782013 061995